DIE MINI-BURGER MANUFAKTUR

von Noémie André
Fotografien von Olivier Ploton

HEEL

Inhalt

Burger-Brötchen in fünf Schritten

FÜR 24 MINI-BRÖTCHEN

ZUBEREITUNG: 20 Min.
BACKZEIT: 20 Min.
RUHEZEIT: 1½ Stunden

1 Päckchen Backhefe

400 ml Vollmilch

450 g Mehl

2 gestrichene TL Salz

40 g Zucker

80 g weiche Butter (oder Margarine)

TIPP: Sie können mehrere Brötchen-Portionen vorbereiten und den Teig einfrieren.

(1)

Die Zutaten vorbereiten.

TIPP für Faule (oder Clevere?): Verwenden Sie Brotmischungen für die Brotmaschine. Den Teig nach Vorgabe kneten und die kleinen Brötchen mit der Hand formen.

(2)

300 ml Milch in einem Topf erwärmen. Die Hefe in der warmen Milch auflösen und 10 Minuten ruhen lassen. Das Mehl auf eine Arbeitsfläche geben und in die Mitte eine Mulde drücken. Salz, Zucker, Butter und die in der Milch aufgelöste Hefe hineingeben.

(3)

Die Mischung mindestens 10 Minuten mit der Hand kneten (oder mit einer Küchenmaschine mit Knethaken oder der Brotmaschine), bis der Teig schön weich und elastisch ist. Den Teig in eine Schüssel geben, mit einem Küchenhandtuch abdecken und an einem warmen Ort ca. 1 Stunde gehen lassen, bis er sich verdoppelt hat.

(4)

Den Ofen auf 200 °C vorheizen (Stufe 6–7). Den Teig leicht kneten. Die Hände mit Mehl bestäuben und kleine Teigkugeln in der Größe eines Golfballs formen. Die Kugeln in die kleinen Silikonförmchen geben und mit der restlichen Milch bepinseln. Noch einmal 20 Minuten gehen lassen, dann 20 Minuten in den Ofen schieben.

(5)

VARIANTEN: Die Hälfte des weißen Mehls durch Vollkornmehl ersetzen, gehackte Kräuter, Curry oder Tomatenmark zufügen oder mit Sesam- oder Mohnkörnern bestreuen. Für die süße Variante verwenden Sie 100 g Zucker und 120 g Butter. Mit Streuzucker bestreuen.

Mini-Burger klassisch

FÜR 12 MINI-BURGER

ZUBEREITUNG: 15 Min.
BRATZEIT: 2 Min.

600 g Rindergehacktes mit 25 % Fettgehalt

12 Scheiben Cheddarkäse (oder Gruyère)

1 Handvoll Salatblätter

3 Tomaten

6 Gewürzgurken

12 Burger-Brötchen, klassisch oder mit Sesam bestreut

milder Senf

Ketchup

Salz und Pfeffer aus der Mühle

1. Das Hackfleisch salzen und pfeffern. Mithilfe der Mini-Steak-Presse 12 Hacksteaks formen.

2. Mit dem Ausstecher 12 Käsekreise ausstechen. Die Salatblätter waschen, die Tomaten in jeweils 4 Scheiben schneiden. Die Gurken der Länge nach halbieren.

3. Die Brötchen aufschneiden und auf dem Toaster leicht anbräunen.

4. Die Hacksteaks in einer antihaftbeschichteten Pfanne oder auf einem heißen Grill von jeder Seite 1 Minute braten.

5. Die Burger in folgender Reihenfolge zusammensetzen: Brötchen, Senf, Salat, Steak, Ketchup, Käse, Tomate, Gurke, Brötchen. Sofort servieren.

Mini-Burger mit Bacon und Zwiebeln

FÜR 12 MINI-BURGER

ZUBEREITUNG: 15 Min.
BRATZEIT: 2 Min.

600 g Rindergehacktes mit 25 % Fettgehalt

6 dünne Baconscheiben (oder geräucherte Rinderbrust)

2 rote Zwiebeln

12 Burger-Brötchen, klassisch oder mit Sesam bestreut

Ketchup

Salz und Pfeffer aus der Mühle

Foto siehe Seite 15.

1. Das Hackfleisch salzen und pfeffern. Mithilfe der Mini-Steak-Presse 12 Hacksteaks formen.

2. Die Baconscheiben halbieren. Die Zwiebeln schälen und in runde Scheiben schneiden.

3. Die Brötchen aufschneiden und auf dem Toaster leicht anbräunen.

4. Die Hacksteaks und die Baconscheiben in einer antihaftbeschichteten Pfanne oder auf einem heißen Grill von jeder Seite 1 Minute braten.

5. Die Burger in folgender Reihenfolge zusammensetzen: Brötchen, Ketchup, Steak, Bacon, Zwiebel, Brötchen. Sofort servieren.

Mini-Burger „Försterart“

FÜR 12 MINI-BURGER

ZUBEREITUNG: 20 Min.
BRATZEIT: 4 Min.

600 g Rindergehacktes mit 25 % Fettgehalt

12 Scheiben Cheddarkäse (oder Gruyère)

6 große Champignons

12 Burger-Brötchen, mit Zwiebeln oder Vollkorn

2 EL Sonnenblumenöl

Salz und Pfeffer aus der Mühle

Für die Sauce:

3 EL Ketchup

3 EL Mayonnaise

1. Das Hackfleisch salzen und pfeffern. Mithilfe der Mini-Steak-Presse 12 Hacksteaks formen.

2. Mit dem Ausstecher 12 Käsekreise ausstechen. Die Champignons waschen und in 1 cm dicke Scheiben schneiden.

3. Für die Sauce Ketchup und Mayonnaise in einer Schüssel vermischen.

4. Die Brötchen aufschneiden und auf dem Toaster leicht anbräunen.

5. Das Öl in einer großen Pfanne erhitzen und die Champignons darin 1 Minute von jeder Seite anbraten, salzen und zur Seite stellen. In der gleichen Pfanne die Steaks von jeder Seite 1 Minute anbraten.

6. Die Burger in folgender Reihenfolge zusammensetzen: Brötchen, Sauce, Steak, Käse, Champignons, Brötchen. Sofort servieren.

Mini-Burger „Country Style“

FÜR 12 MINI-BURGER

ZUBEREITUNG: 15 Min.
BRATZEIT: 7 Min.

600 g Rindergehacktes mit 25 % Fettgehalt

12 Scheiben orangefarbener Cheddarkäse (oder Mimolette)

2 milde Zwiebeln

12 Burger-Brötchen, klassisch oder mit Zwiebeln

1. Das Hackfleisch salzen und pfeffern. Mithilfe der Mini-Steak-Presse 12 Hacksteaks formen.

2. Mit dem Ausstecher 12 Käsekreise ausstechen. Die Zwiebeln schälen und hacken.

3. Die Brötchen aufschneiden und auf dem Toaster leicht anbräunen.

4. Das Öl in einer großen Pfanne erhitzen und die Zwiebeln 5 Minuten anbraten, salzen. In der gleichen Pfanne die Steaks von jeder Seite 1 Minute anbraten.

2 EL Sonnenblumenöl

Barbecuesauce

Salz und Pfeffer aus der Mühle

5. Die Burger in folgender Reihenfolge zusammensetzen: Brötchen, Barbecuesauce, Steak, Käse, Zwiebeln, Brötchen. Sofort servieren.

Mini-Burger mit Kalbfleisch und Chicorée

FÜR 12 MINI-BURGER

ZUBEREITUNG: 10 Min.
BRATZEIT: 2 Min.

600 g Kalbsgehacktes

2 kleine Chicorée

12 klassische Burger-Brötchen

Salz und Pfeffer aus der Mühle

Für die Sauce:

3 EL griechischer Joghurt

2 EL Mayonnaise

1 EL Dijon-Senf

1. Das Kalbfleisch salzen und pfeffern. Mithilfe der Mini-Steak-Presse 12 Hacksteaks formen.

2. Den Chicorée waschen und 12 Blätter abzupfen.

3. Für die Sauce Joghurt, Mayonnaise und Senf in einer Schüssel vermengen.

4. Die Brötchen aufschneiden und auf dem Toaster leicht anbräunen.

5. Die Hacksteaks in einer antihaftbeschichteten Pfanne oder auf einem heißen Grill von jeder Seite 1 Minute braten.

6. Die Burger in folgender Reihenfolge zusammensetzen: Brötchen, Sauce, Steak, Chicorée, Brötchen. Sofort servieren.

Mini-Lammburger provenzalisch

FÜR 12 MINI-BURGER

ZUBEREITUNG: 15 Min.
BRATZEIT: 2 Min.

600 g Lammgehacktes

1 TL Kräuter der Provence

1 rote Paprika

1 grüne Paprika

1 Salatherz

12 Burger-Brötchen, klassisch oder mit Mohn

6 EL schwarze oder grüne Tapenade

Salz und Pfeffer aus der Mühle

1. Das Lammfleisch salzen, pfeffern und mit den Kräutern der Provence vermengen. Mithilfe der Mini-Steak-Presse 12 Hacksteaks formen.

2. Die Paprika in Streifen schneiden. Den Salat waschen und 12 Blätter abzupfen.

3. Die Brötchen aufschneiden und auf dem Toaster leicht anbräunen.

4. Die Hacksteaks in einer antihaftbeschichteten Pfanne oder auf einem heißen Grill von jeder Seite 1 Minute braten.

5. Die Burger in folgender Reihenfolge zusammensetzen: Brötchen, Tapenade, Salat, Steak, Paprika, Brötchen. Sofort servieren.

Mini-Burger mit gegrilltem Huhn

FÜR 12 MINI-BURGER

ZUBEREITUNG: 15 Min.
MARINADE: 5 Min.
BRATZEIT: 2 Min.

4 Hähnchenbrustfilets

Saft 1 Zitrone

3 EL Olivenöl

2 Karotten

1 Salatherz

12 Burger-Brötchen, klassisch oder mit Basilikum

Salz und Pfeffer aus der Mühle

1. Die Hähnchenbrustfilets jeweils in 3 Stücke schneiden. Salzen, pfeffern und 5 Minuten in einer Schale in dem Olivenöl und Zitronensaft marinieren.

2. Währenddessen das Gemüse vorbereiten: Die Karotten schälen und mit einem Sparschäler in feine Streifen schneiden.

3. Den Salat waschen und 12 Blätter abzupfen.

4. Die Brötchen aufschneiden und auf dem Toaster leicht anbräunen.

5. Die Hähnchenbrustfilets in einer antihaftbeschichteten Pfanne oder auf einem heißen Grill von jeder Seite 3 Minuten braten.

6. Die Burger in folgender Reihenfolge zusammensetzen: Brötchen, Salat, Hühnchen, Karottenstreifen, Brötchen. Sofort servieren.

Mini-Burger mit gehacktem Huhn

FÜR 12 MINI-BURGER

ZUBEREITUNG: 15 Min.
BRATZEIT: 2 Min.

600 g Huhn (oder Pute)

1 Handvoll Salatblätter

3 Tomaten

12 Burger-Brötchen, klassisch oder mit Curry

Salz und Pfeffer aus der Mühle

Für die Sauce

6 EL Mayonnaise

Saft 1 Zitrone

1. Das Hühnerfleisch im Mixer zerkleinern, salzen und pfeffern. Mithilfe der Mini-Steak-Presse 12 Hacksteaks formen.

2. Den Salat waschen und 12 Blätter abzupfen. Die Tomaten jeweils in 4 Scheiben schneiden.

3. Für die Sauce die Mayonnaise mit dem Zitronensaft vermengen.

4. Die Brötchen aufschneiden und auf dem Toaster leicht anbräunen.

5. Die Steaks in einer antihaft-beschichteten Pfanne oder auf einem heißen Grill von jeder Seite 1 Minute braten.

6. Die Burger in folgender Reihenfolge zusammensetzen: Brötchen, Salat, Steak, Sauce, Tomaten, Brötchen. Sofort servieren.

Mini-Burger mit Chicken Nuggets

FÜR 12 MINI-BURGER

ZUBEREITUNG: 20 Min.
BRATZEIT: 6 Min.

4 Hähnchenbrustfilets

1 Handvoll Salatblätter

1 Ei

2 Handvoll Cornflakes

75 g Mehl

12 Burger-Brötchen, klassisch oder mit Curry

200 ml Sonnenblumenöl

Salz und Pfeffer aus der Mühle

Für die Sauce

6 EL Mayonnaise

1 TL Currypulver

1 EL Weinessig

1. Die Hühnerfilets jeweils in 3 Stücke schneiden, salzen und pfeffern.

2. Den Salat waschen und trocknen. Das Ei mit einer Gabel schlagen. Die Cornflakes in einen Gefrierbeutel füllen und mit einem Nudelholz zerkleinern. Die so erhaltenen Brösel auf einen Teller geben. Das Mehl in eine Schüssel füllen.

3. Für die Sauce die Mayonnaise mit dem Curry und dem Essig vermengen.

4. Die Brötchen aufschneiden und auf dem Toaster leicht anbräunen.

5. Die Hähnchenbruststücke in dem Mehl wälzen, anschließend in der Eimasse und in den Cornflakes-Bröseln wenden. In einer Pfanne von jeder Seite 3 Minuten in dem Öl braten, bis sie schön goldbraun sind. Auf Küchenpapier abtropfen lassen.

6. Die Burger in folgender Reihenfolge zusammensetzen: Brötchen, Salat, Nugget, Sauce, Brötchen. Sofort servieren.

Mini-Burger mit paniertem Fisch

FÜR 12 MINI-BURGER

ZUBEREITUNG: 20 Min.
BRATZEIT: 6 Min.

600 g Seelachsfilet (oder Kabeljau)

2 Handvoll Spinatblätter

1 Ei

2 Handvoll Cornflakes

75 g Mehl

12 Burger-Brötchen mit Mohn oder Sesam

200 ml Sonnenblumenöl

Salz und Pfeffer aus der Mühle

Für die Sauce

6 Gewürzgurken

6 EL Mayonnaise

1 EL Weinessig

1. Die Fischfilets in 12 Stücke schneiden, salzen und pfeffern.

2. Die Spinatblätter waschen und trocknen. Das Ei mit einer Gabel schlagen.

3. Die Cornflakes in einen Gefrierbeutel füllen und mit dem Nudelholz zerkleinern. Die Brösel auf einen Teller geben. Das Mehl in eine Schüssel füllen.

4. Für die Sauce die Gewürzgurken klein hacken und mit der Mayonnaise und dem Essig vermengen.

5. Die Brötchen aufschneiden und auf dem Toaster leicht anbräunen.

6. Die Fischstücke in dem Mehl wälzen, anschließend in der Eimasse und in den Cornflakes-Bröseln wenden. In einer Pfanne mit Öl von jeder Seite 3 Minuten braten. Auf Küchenpapier abtropfen lassen.

7. Die Burger in folgender Reihenfolge zusammensetzen: Brötchen, Sauce, Fisch, Spinat, Brötchen. Sofort servieren.

Mini-Burger mit Thunfisch-Tatar

FÜR 12 MINI-BURGER

ZUBEREITUNG: 15 Min.

600 g sehr frisches Thunfischfilet

2 EL Olivenöl

2 nicht zu reife Avocados

Saft 1 Zitrone

12 Burger-Brötchen, klassisch oder mit Sesam

Salz und Pfeffer aus der Mühle

Für die Sauce

3 EL Mayonnaise

1 EL Sojasauce

1 TL Sesamöl

Foto siehe Seite 27.

1. Den Thunfisch mit einem Messer grob würfeln, mit Olivenöl vermengen, salzen und pfeffern. Mithilfe der Mini-Steak-Presse 12 Tatarsteaks formen.

2. Die Avocados schälen, entkernen und in 12 Scheiben schneiden. Mit Zitronensaft beträufeln.

3. Die Saucenzutaten in einer Schüssel vermengen.

4. Die Brötchen aufschneiden und auf dem Toaster leicht anbräunen.

5. Die Burger in folgender Reihenfolge zusammensetzen: Brötchen, Sauce, Thunfisch, Avocado, Brötchen. Sofort servieren.

VARIANTE: Sie können die Tatarsteaks in einer heißen antihaftbeschichteten Pfanne von jeder Seite 10 Sekunden anbraten.

Mini-Burger à la Fishcake

FÜR 12 MINI-BURGER

ZUBEREITUNG: 15 Min.
EINWEICHEN: 10 Min.
BRATZEIT: 4 Min.

500 g Weißfisch

1 Scheibe altes Brot

1 Handvoll Koriander

100 ml Milch

1 EL gehackte Kräuter

1 Ei

1 EL Mehl

1/2 TL Curry

3 EL Olivenöl

12 klassische Burger-Brötchen

Salz und Pfeffer aus der Mühle

Für die Sauce

6 EL Mayonnaise

Saft 1 Zitrone

1. Den Fisch im Mixer grob zerkleinern. Das Brot in kleine Würfel schneiden. Den Koriander waschen und trocknen. Die Milch erhitzen.

2. Die Brotwürfel 10 Minuten in der warmen Milch einweichen, dann den zerkleinerten Fisch, die gehackten Kräuter, Ei, Mehl und Curry hinzugeben. Salzen, pfeffern und gut vermengen. Mit der Hand 12 flache Kugeln formen und in einer Pfanne von jeder Seite 2 Minuten im Öl braten, bis sie schön goldbraun sind.

3. Für die Sauce die Mayonnaise und den Zitronensaft in einer Schüssel vermengen.

4. Die Brötchen aufschneiden und auf dem Toaster leicht anbräunen.

5. Die Burger in folgender Reihenfolge zusammensetzen: Brötchen, Sauce, Fishcake, Koriander, Brötchen. Sofort servieren.

Foto siehe Seite 27.

Mini-Burger mit Lachs

FÜR 12 MINI-BURGER

ZUBEREITUNG: 10 Min.
BRATZEIT: 2 Min.

600 g Lachssteak

2 EL Olivenöl

1 Salatgurke

12 Burger-Brötchen, klassisch oder mit Mohn

Für die Sauce

1/2 Bund Dill

3 EL griechischer Joghurt

2 EL Mayonnaise

1 EL grobkörniger Senf

1. Den Fisch in 12 Stücke schneiden, mit Olivenöl beträufeln.

2. Die Gurke mit einem Sparschäler in feine Scheiben schneiden.

3. Für die Sauce den Dill waschen, trocknen und abzupfen. Mit den anderen Zutaten in einer Schüssel vermengen.

4. Die Brötchen aufschneiden und auf dem Toaster leicht anbräunen.

5. Den Fisch in einer antihaftbeschichteten Pfanne oder auf einem heißen Grill von jeder Seite 1 Minute braten.

6. Die Burger in folgender Reihenfolge zusammensetzen: Brötchen, Sauce, Lachs, Gurkenscheiben, Brötchen. Sofort servieren.

Mini-Burger mit Tofu

FÜR 12 MINI-BURGER

ZUBEREITUNG: 10 Min.
BRATZEIT: 2 Min.

6 Tofu-Scheiben (ca. 600 g)

2 Handvoll Mesclun-Salatmischung

12 Burger-Brötchen, Vollkorn oder mit Basilikum

3 EL Olivenöl

6 EL Pesto

1 Schachtel Sprossen (Luzerne, Rettich ...)

1. Die Tofu-Scheiben in jeweils 2 Stücke schneiden.

2. Den Salat waschen und trocknen.

3. Die Brötchen aufschneiden und auf dem Toaster leicht anbräunen.

4. Den Tofu von jeder Seite 1 Minute in einer großen Pfanne mit Öl anbraten.

5. Die Burger in folgender Reihenfolge zusammensetzen: Brötchen, Pesto, Salat, Tofu, Sprossen, Brötchen. Sofort servieren.

Falafel-Mini-Burger

FÜR 12 MINI-BURGER

ZUBEREITUNG: 15 Min.
BRATZEIT: 3 Min.

1 große Dose Kichererbsen

1 EL Mehl

2 TL Speisenatron

1 TL Ras-el-Hanout-Gewürzmischung

1 TL gehackter Knoblauch

2 EL gehackte Petersilie

3 Tomaten

1/2 Bund Minze

300 ml Fritieröl

12 Burger-Brötchen mit Tomate

Salz und Pfeffer aus der Mühle

Für die Sauce

100 ml Tahini (Sesampaste)

Saft 1 Zitrone

1. Für die Sauce Sesampaste und Zitronensaft mit 100 ml Wasser in einer Schüssel vermengen.

2. Die Kichererbsen abtropfen lassen und mit Mehl, Speisenatron, Ras el-Hanout, Knoblauch, Salz, Pfeffer und Petersilie vermischen. Mithilfe der Mini-Steak-Presse 12 Scheiben formen.

3. Die Tomaten waschen und in jeweils 4 Scheiben schneiden. Die Minze waschen, trocknen und abzupfen.

4. Das Öl in einer Pfanne erhitzen und die Falafelscheiben 3 Minuten frittieren, bis sie schön goldbraun sind. Auf Küchenpapier abtropfen lassen.

5. Die Brötchen aufschneiden und auf dem Toaster leicht anbräunen.

6. Die Burger in folgender Reihenfolge zusammensetzen: Brötchen, Sauce, Minze, Falafel, Tomate, Brötchen. Sofort servieren.

Mini-Burger mit gegrilltem Gemüse

FÜR 12 MINI-BURGER

ZUBEREITUNG: 10 Min.
BRATZEIT: 20 Min.

1 Zucchini

1 Aubergine

3 Tomaten

3 rote Zwiebeln

100 ml Olivenöl

1 TL Kräuter der Provence

12 Burger-Brötchen mit Tomate oder Basilikum

6 EL Pesto oder Tapenade

Salz

1. Den Ofen auf 220 °C vorheizen (Stufe 7–8).

2. Zucchini, Aubergine und Tomaten waschen. Die Zwiebeln schälen. Das Gemüse in jeweils 12 Scheiben schneiden.

3. Ein Backblech mit ein wenig Olivenöl beträufeln und das Gemüse darauf legen, wieder mit Olivenöl beträufeln, die Kräuter der Provence darüber geben und salzen. 20 Minuten garen.

4. Die Brötchen aufschneiden und auf dem Toaster leicht anbräunen.

5. Die Burger in folgender Reihenfolge zusammensetzen: Brötchen, Pesto, Gemüsescheiben, Brötchen. Sofort servieren.

Mini-Burger mit Tomate und Mozzarella

FÜR 12 MINI-BURGER

ZUBEREITUNG: 10 Min.

4 Tomaten

3 Mozzarella-Kugeln

12 Burger-Brötchen, klassisch oder mit Sesam

6 EL Pesto

Salz und Pfeffer aus der Mühle

1. Die Tomaten in jeweils 6 Scheiben schneiden und leicht salzen. Die Mozzarella-Kugeln in jeweils 8 Scheiben schneiden.

2. Die Brötchen aufschneiden und auf dem Toaster leicht anbräunen.

3. Die Burger in folgender Reihenfolge zusammensetzen: Brötchen, Mozzarella, Pesto, Tomate, Mozzarella, Brötchen. Sofort servieren.

Mini-Frühstücks-Burger

FÜR 12 MINI-BURGER

ZUBEREITUNG: 15 Min.
BRATZEIT: 8 Min.

6 dünne Scheiben Bacon (oder geräucherte Rinderbrust)

1 Handvoll Blattsalat

18 Kirschtomaten

12 Burger-Brötchen, klassisch oder mit Sesam

8 Eier

Salz und Pfeffer aus der Mühle

1. Die Baconscheiben halbieren. Den Salat waschen und 12 Blätter abzupfen. Die Kirschtomaten waschen, vierteln und abtropfen lassen.

2. Die Brötchen aufschneiden und auf dem Toaster leicht anbräunen.

3. Die Eier in eine Schüssel aufschlagen und verquirlen. Salzen und pfeffern, dann die Tomaten hinzufügen.

4. Die Baconscheiben 2 Minuten auf kleiner Flamme anbraten, bis sie knusprig sind. In derselben Pfanne das Omelett im Baconfett von jeder Seite ca. 6 Minuten braten. Das fertige Omelett auf ein Küchenbrett gleiten lassen und in Vierecke schneiden.

5. Die Burger in folgender Reihenfolge zusammensetzen: Brötchen, Salat, Omelett, Bacon, Brötchen. Sofort servieren.

Mini-Burger vietnamesisch

FÜR 12 MINI-BURGER

ZUBEREITUNG: 15 Min.
BRATZEIT: 6 Min.

4 Hähnchenbrustfilets

2 EL Sonnenblumenöl

1 kleine Gurke

1 Karotte

1 Handvoll Minzeblätter (oder Koriander)

12 Burger-Brötchen mit Curry oder Sesam

Salz und Pfeffer aus der Mühle

Für die Sauce

2 EL Nuoc-Mam (Fischsauce)

1 TL Zucker

Saft 1 Limone

(Alternativ: Nem-Sauce aus dem Handel)

1. Die Hähnchenbrustfilets in jeweils 3 Stücke schneiden und würzen. Mit Öl beträufeln.

2. Die Gurke waschen und die Karotte schälen, dann beides mit dem Sparschäler in Streifen schneiden. Die Minzblätter waschen und abzupfen.

3. Die Saucenzutaten in einer Schüssel vermengen.

4. Die Brötchen aufschneiden und auf dem Toaster leicht anbräunen.

5. Die Hühnchenstücke in einer großen antihaftbeschichteten Pfanne oder auf einem heißen Grill von jeder Seite 3 Minuten braten.

6. Die Burger in folgender Reihenfolge zusammensetzen: Brötchen, Minzblätter, Hühnchen, Sauce, Gemüsestreifen, Brötchen. Sofort servieren.

Mini-Burger mexikanisch

FÜR 12 MINI-BURGER

ZUBEREITUNG: 15 Min.
BRATZEIT: 4 Min.

4 Hähnchenbrustfilets

1 EL Tex-Mex-Gewürze

2 EL Olivenöl

2 nicht zu reife Avocados

Saft 1 Limette

3 Tomaten

12 Burger-Brötchen, klassisch oder mit Tomate

Salsa

Salz und Pfeffer aus der Mühle

1. Die Hähnchenbrustfilets in jeweils 3 Stücke schneiden. Salzen, pfeffern, mit den Tex-Mex-Gewürzen bestreuen und mit Öl beträufeln.

2. Die Avocados schälen, in Scheiben schneiden und mit dem Limettensaft beträufeln. Die Tomaten waschen und in jeweils 4 Scheiben schneiden.

3. Die Brötchen aufschneiden und auf dem Toaster leicht anbräunen.

4. Die Hühnchenstücke in einer großen antihaftbeschichteten Pfanne oder auf einem heißen Grill von jeder Seite 2 Minuten braten.

5. Die Burger in folgender Reihenfolge zusammensetzen: Brötchen, Salsa-Sauce, Hühnchen, Tomate, Avocado, Brötchen.
Sofort servieren.

Kebab-Mini-Burger

FÜR 12 MINI-BURGER

ZUBEREITUNG: 15 Min.
BRATZEIT: 2 Min.

600 g Lammgehacktes

1 TL Ras-el-Hanout-Gewürzmischung (oder Couscous-Gewürze)

3 Tomaten

12 Burger-Brötchen mit Tomate oder Curry

Salz und Pfeffer aus der Mühle

Für die Sauce

½ Bund Minzblätter (oder Koriander)

2 Becher griechischer Joghurt

1 TL Harissapaste (nach Belieben)

1. Das Lammhack salzen, pfeffern und würzen. Mithilfe der Mini-Steak-Presse 12 Hacksteaks formen.

2. Die Tomaten in 12 Scheiben schneiden.

3. Für die Sauce die Minze waschen, abzupfen, klein hacken und mit dem Joghurt und der Paste vermengen.

4. Die Brötchen aufschneiden und auf dem Toaster leicht anbräunen.

5. Die Steaks in einer großen antihaftbeschichteten Pfanne oder auf einem heißen Grill von jeder Seite 1 Minute braten.

6. Die Burger in folgender Reihenfolge zusammensetzen: Brötchen, Sauce, Steak, Tomate, Brötchen. Sofort servieren.

Mini-Burger italienisch

FÜR 12 MINI-BURGER

ZUBEREITUNG: 10 Min.
BRATZEIT: 2 Min.

600 g Rindergehacktes mit 25 % Fettgehalt

200 g Mozzarella

1 Handvoll Rucola

12 Burger-Brötchen mit Tomate oder Basilikum

Etwas Tomatensauce

Salz und Pfeffer aus der Mühle

1. Das Rinderhack salzen und pfeffern. Mithilfe der Mini-Steak-Presse 12 Hacksteaks formen.

2. Den Mozzarella in 12 Scheiben schneiden. Den Rucola waschen und abzupfen.

3. Die Brötchen aufschneiden und auf dem Toaster leicht anbräunen.

4. Die Steaks in einer großen antihaftbeschichteten Pfanne 1 Minute braten. Dann wenden, jedes Steak mit einer Scheibe Mozzarella belegen und bei geschlossenem Deckel 1 Minute weiterbraten.

5. Die Burger in folgender Reihenfolge zusammensetzen: Brötchen, Tomatensauce, Steak à la Mozzarella, Rucola, Brötchen. Sofort servieren.

Elsässer Mini-Burger

FÜR 12 MINI-BURGER

ZUBEREITUNG: 15 Min.
BRATZEIT: 2 Min.

600 g geräucherte Würstchen

3 Tomaten

200 g Munsterkäse

12 Burger-Brötchen mit Tomate oder Curry

grobkörniger Senf

1. Die Haut der Würste abziehen und aus dem Wurstbrät mithilfe der Mini-Steak-Presse 12 Steaks formen.

2. Die Tomaten und den Munsterkäse in jeweils 12 Scheiben schneiden.

3. Die Brötchen aufschneiden und auf dem Toaster leicht anbräunen.

4. Die Steaks in einer großen antihaftbeschichteten Pfanne oder auf einem heißen Grill 1 Minute braten. Die Steaks umdrehen, jedes mit einer Scheibe Munster belegen und bei geschlossenem Deckel 1 Minute weiterbraten.

5. Die Burger in folgender Reihenfolge zusammensetzen: Brötchen, Senf, Würstchen mit Munster, Tomate, Brötchen. Sofort servieren.

Mini-Lammburger mit Roquefort

FÜR 12 MINI-BURGER

ZUBEREITUNG: 15 Min.
BRATZEIT: 2 Min.

600 g Lammgehacktes

2 milde Zwiebeln

12 Burger-Brötchen, klassisch oder mit Zwiebeln

Salz und Pfeffer aus der Mühle

Für die Sauce

100 g Roquefort

50 ml Sahne

1. Das Lammhackfleisch salzen und pfeffern. Mithilfe der Mini-Steak-Presse 12 Hacksteaks formen.

2. Die Zwiebeln schälen und in 5 mm dicke Scheiben schneiden.

3. Die Brötchen aufschneiden und auf dem Toaster leicht anbräunen.

4. Für die Sauce den Roquefort mit der Sahne in einem Topf schmelzen lassen.

5. Die Zwiebeln und die Steaks in einer großen antihaftbeschichteten Pfanne oder auf einem heißen Grill von jeder Seite 1 Minute braten.

6. Die Burger in folgender Reihenfolge zusammensetzen: Brötchen, Sauce, Steak, Zwiebeln, Brötchen. Sofort servieren.

Mini-Cheeseburger

FÜR 12 MINI-BURGER

ZUBEREITUNG: 10 Min.
BRATZEIT: 2 Min.

600 g Rindergehacktes mit 25 % Fettgehalt

200 g Reblochonkäse (alternativ Brie oder Camembert)

12 klassische Burger-Brötchen

Dijon-Senf

Salz und Pfeffer aus der Mühle

1. Das Rinderhackfleisch salzen und pfeffern. Mithilfe der Mini-Steak-Presse 12 Hacksteaks formen.

2. Aus dem Reblochon 12 kleine Scheiben ausstechen.

3. Die Brötchen aufschneiden und auf dem Toaster leicht anbräunen.

4. Die Steaks in einer großen antihaftbeschichteten Pfanne oder auf einem heißen Grill 1 Minute braten. Die Steaks umdrehen, auf jedes eine Scheibe Reblochon legen und bei geschlossenem Deckel 1 Minute weiterbraten.

5. Die Burger in folgender Reihenfolge zusammensetzen: Brötchen, Senf, Steak mit Reblochon, Brötchen. Sofort servieren.

Mini-Chefburger

FÜR 12 MINI-BURGER

ZUBEREITUNG: 10 Min.
BRATZEIT: etwa 3 Min.

200 g Comtékäse

2 Scheiben gekochter Schinken, ca. 1½ cm dick

2 EL Sonnenblumenöl

25 g Butter

12 klassische Burger-Brötchen

Salz und Pfeffer aus der Mühle

1. Den Comté in 3 mm dicke Scheiben schneiden und mithilfe der Ausstechform 12 runde Scheiben ausstechen. Aus dem Schinken ebenfalls 12 runde Scheiben schneiden.

2. Den Schinken ca. 2 Minuten in einer großen Pfanne in dem Öl und der Butter goldbraun braten, dann salzen und pfeffern. Die Schinkenscheiben umdrehen, auf jede eine Scheibe Comté legen und bei geschlossenem Deckel 1 Minute braten.

3. Die Brötchen aufschneiden und mit jeweils einer Scheibe Schinken mit Comté belegen. Sofort servieren.

Fruchtige Hühnchen-Mini-Burger

FÜR 12 MINI-BURGER

ZUBEREITUNG: 15 Min.
BRATZEIT: etwa 6 Min.

4 Hähnchenbrustfilets

3 Äpfel

$^{1}/_{2}$ festen Camembert

2 EL Sonnenblumenöl

50 g Butter

12 klassische Burger-Brötchen

Salz und Pfeffer aus der Mühle

1. Die Hähnchenbrustfilets jeweils in 3 Stücke schneiden.

2. Die Äpfel schälen, vierteln und den Strunk entfernen. Aus dem Camembert 12 dünne Scheiben schneiden.

3. Die Filetstücke und die Äpfel in einer großen Pfanne in dem Öl und der Butter ca. 5 Minuten goldbraun braten, dann salzen und pfeffern. Die Filets wenden und mit jeweils einer Scheibe Camembert belegen. Bei geschlossenem Deckel 1 Minute weiterbraten.

4. Die Brötchen aufschneiden, mit jeweils einem Filet mit Camembert und Apfel belegen und sofort servieren.

Mini-Burger mit Foie Gras und Birne

FÜR 12 MINI-BURGER

ZUBEREITUNG: 15 Min.

500 g rohe Foie Gras

2 Msp. Quatre-Épices-Gewürzmischung (alternativ: Weißer Pfeffer, Ingwer, Muskat und Gewürznelke)

3 nicht zu reife Birnen

1 EL Weinessig

12 klassische Burger-Brötchen

Salz und Pfeffer aus der Mühle

1. Die Foie Gras in 2 cm dicke Scheiben schneiden und mithilfe der Ausstechform 12 runde Scheiben ausstechen. Salzen, pfeffern und leicht mit den Quatre-Épices würzen. Bis kurz vor dem Servieren in die Gefriertruhe legen.

2. Die Birnen schälen, in Scheiben schneiden und mit dem Weinessig beträufeln.

3. Die Brötchen aufschneiden und auf dem Toaster leicht anbräunen.

4. Die Foie Gras in einer antihaftbeschichteten Pfanne 10 Sekunden von jeder Seite anbraten. Die Burger in folgender Reihenfolge zusammensetzen: Brötchen, Foie Gras, Birne, Brötchen. Sofort servieren.

VARIANTE: Verwenden Sie gekochte Foie Gras und schneiden Sie sie in 1 cm dicke Scheiben. Wie gehabt würzen. Die Foie Gras erwärmt sich im Kontakt mit den warmen Brötchen selbst.

Mini-Burger mit Rind und Steinpilzen

FÜR 12 MINI-BURGER

ZUBEREITUNG: 20 Min.
BRATZEIT: etwa 10 Min.

600 g Rinderfilet

400 g Steinpilze (frisch oder tiefgekühlt)

2 EL Sonnenblumenöl

1 EL gehackte Petersilie (frisch oder tiefgekühlt)

1 TL gehackter Knoblauch (frisch oder tiefgekühlt)

150 ml Sahne

12 klassische Burger-Brötchen

Salz und Pfeffer aus der Mühle

1. Das Rinderfilet in 6 Scheiben von 2 cm Dicke schneiden, die Scheiben halbieren, um 12 Stücke zu erhalten.

2. Die Brötchen aufschneiden und auf dem Toaster leicht anbräunen.

3. Die Steinpilze gründlich mit der Bürste säubern, dann der Länge nach aufschneiden. In einer großen Pfanne ca. 5 Minuten im Öl braten, dann salzen und Petersilie und Knoblauch hinzugeben.

4. Die Pilze aus der Pfanne nehmen und die Fleischstücke hineinlegen. Diese je nach Geschmack etwa 1–2 Minuten von jeder Seite braten. Salzen und pfeffern, dann warmstellen. Die Sahne in die Pfanne gießen und 1 Minute einkochen lassen.

5. Die Burger in folgender Reihenfolge zusammensetzen: Brötchen, Fleisch, Steinpilze, Sauce, Brötchen. Sofort servieren.

Mini-Burger mit Hirsch und Cranberries

FÜR 12 MINI-BURGER

ZUBEREITUNG: 15 Min.
BRATZEIT: etwa 15 Min.

600 g Hirschfilet

200 g Cranberries (frisch oder tiefgekühlt)

1 EL Rohrzucker

2 Msp. Quatre-Épices-Gewürzmischung (alternativ: Weißer Pfeffer, Ingwer, Muskat und Gewürznelke)

1 EL Weinessig

1 EL Sonnenblumenöl

150 ml Sahne

12 klassische Burger-Brötchen

Salz und Pfeffer aus der Mühle

1. In einem kleinen Topf die Cranberries mit dem Rohrzucker, den Gewürzen und dem Essig etwa 10 Minuten köcheln lassen.

2. Das Filet in sechs 2 cm dicke Scheiben schneiden, dann halbieren, um 12 Stücke zu erhalten.

3. Die Brötchen aufschneiden und auf dem Toaster leicht anbräunen.

4. Die Fleischstücke in einer Pfanne je nach Geschmack 1–2 Minuten in dem Öl braten, dann vom Herd nehmen, salzen, pfeffern und warm stellen. Die Sahne in die Pfanne gießen und 1 Minute einkochen lassen.

5. Die Burger in folgender Reihenfolge zusammensetzen: Brötchen, Cranberries, Fleisch, Sauce, Brötchen. Sofort servieren.

Mini-Burger mit Enten-Confit

FÜR 12 MINI-BURGER

ZUBEREITUNG: 10 Min.
BRATZEIT: 10 Min.

4 Entenkeulen

6 EL Feigenkonfitüre

1 EL Weinessig

1 Handvoll Friséesalat

12 klassische Burger-Brötchen

Salz und Pfeffer aus der Mühle

1. Die Konfitüre in einer Schüssel mit dem Essig vermengen. Den Salat waschen, trocknen und abzupfen.

2. Die Entenkeulen vom Fett befreien und auf mittlerer Hitze in einer Pfanne auf der Hautseite 10 Minuten goldbraun braten, bis die Haut knusprig ist. Das überschüssige Fett nach und nach abschöpfen. Die Keulen auf Küchenpapier abtropfen lassen. Die Knochen entfernen und das Fleisch in Stücke reißen. Wenn nötig, salzen und pfeffern.

3. Die Brötchen aufschneiden und auf dem Toaster leicht anbräunen.

4. Die Burger in folgender Reihenfolge zusammensetzen: Brötchen, Konfitüre, Ente, Salat, Brötchen. Sofort servieren.

Mini-Burger mit Banane und Schokolade

FÜR 12 MINI-BURGER

ZUBEREITUNG: 10 Min.

4 Bananen

100 g Schoko-Brotaufstrich

Saft 1 Zitrone

12 süße Burger-Brötchen

1. Die Bananen schälen, in 2 cm dicke Scheiben schneiden und mit Zitronensaft beträufeln.

2. Die Brötchen aufschneiden und auf dem Toaster leicht anbräunen. Beide Seiten mit dem Schokoaufstrich bestreichen, die Bananenscheiben spiralförmig auf die untere Hälfte legen, schließen und sofort servieren.

Foto siehe Seite 55.

Mini-Erdbeer-Vanille-Burger

FÜR 12 MINI-BURGER

ZUBEREITUNG: 10 Min.

400 g Erdbeeren

500 ml Vanilleeis

40 g Zucker

Saft 1/2 Zitrone

12 süße Burger-Brötchen

1. Die Erdbeeren waschen und putzen. Die schönsten 12 in zwei Hälften schneiden. Die anderen mit dem Zucker und dem Zitronensaft pürieren.

2. Die Brötchen aufschneiden, auf die eine Hälfte zwei Erdbeerhälften legen, eine kleine Kugel Vanilleeis und das Erdbeerpüree darübergeben, schließen und sofort servieren.

Mini-Burger mit Apfel und süßer Milchcreme

FÜR 12 MINI-BURGER

ZUBEREITUNG: 10 Min.
BRATZEIT: 4 Min.

4 Äpfel

100 g süße Milchcreme

50 g Butter

12 süße Burger-Brötchen

Foto siehe Seite 55.

1. Die Äpfel schälen, Gehäuse und Kerne entfernen und in 3 Scheiben schneiden. Mithilfe der Ausstechform 12 runde Scheiben ausstechen. In einer Pfanne von beiden Seiten 2 Minuten in der Butter anbraten.

2. Die Brötchen aufschneiden und beide Seiten mit der süßen Milchcreme bestreichen, die Apfelscheiben auf die untere Hälfte legen, schließen und sofort servieren.

Mini-Burger Profiteroles

FÜR 12 MINI-BURGER

ZUBEREITUNG: 10 Min.
KOCHZEIT: 1 Min.

100 g Zartbitter-Schokolade

500 ml Vanille- oder Schokoladeneis

100 ml Schlagsahne

12 süße Burger-Brötchen

1. Die Schokolade in kleine Stücke brechen. Die Sahne in einem kleinen Topf zum Kochen bringen und über die Schokolade gießen. Nach etwa 10 Minuten mit einem Spachtel vermengen.

2. Die Brötchen aufschneiden, auf die eine Hälfte eine kleine Kugel Eis geben und wieder schließen. Die Burger mit der warmen Sauce übergießen.

Mini-Burger mit Ananas, Honig und Minze

FÜR 12 MINI-BURGER

ZUBEREITUNG: 10 Min.

1/2 Ananas

100 g flüssiger Honig

1 Bund Minze

12 süße Burger-Brötchen

1. Die Ananas schälen und in 2 cm dicke Scheiben schneiden. Aus den Scheiben mithilfe der Ausstechform 12 runde Scheiben ausstechen.

2. Die Minze waschen, trocknen und abzupfen.

3. Die Brötchen aufschneiden, beide Hälften mit Honig bestreichen. Mit 2 oder 3 Minzblättern belegen und jeweils eine Ananasscheibe darüberlegen. Mit etwas Honig beträufeln, das Brötchen schließen und sofort servieren.

HEEL Verlag GmbH
Gut Pottscheidt
53639 Königswinter
Tel.: 02223 9230-0
E-Mail: info@heel-verlag.de
www.heel-verlag.de

Originaltitel: *Mini-Burger-Party!*
Original-ISBN 978-2-03-586975-3

Autorin: Noémie André
Verlegerische Leitung: Isabelle Jeuge-Maynart & Ghislaine Stora
Chefredaktion: Delphine Blétry
Redaktion: Coralie Benoit
Assistenz: Candice Roger
Künstlerische Leitung: Emmanuel Chaspoul
Layout: Les PAOistes
Lektorat: Joëlle Narjollet
Cover: Véronique Laporte

Deutsche Ausgabe:
Übersetzung: Carolin Wiedemeyer
Lektorat: Ulrike Reihn-Hamburger
Satz: Muser Medien GmbH, Christine Mertens

Fotografie: Olivier Ploton
Mit Ausnahme von:
© iStockphoto, mar_m (Illustration Seite 1, Coverillustrationen)
© iStockphoto, Jill Chen (Coverbild)

Printed in China

ISBN 978-3-86852-776-6